Herstellung und Verlag:

BoD - Books on Demand, Norderstedt

ISBN: 9 783753 406411

Dr. phil. Klaus Biedermann

GEDICHTE

IN SCHWARZ/WEISS

1965 - 2021

Klaus Biedermann

Dritte Auflage

Für Sandra und Stefanie

Vorwort

Ursprünglich hatte ich die Idee, meine Gedichte für meine Familie und engen Freunde zu veröffentlichen - aber vielleicht finden sich ja noch andere Leser.

Ich lasse die Gedichte - einige davon habe ich als Fünfzehnjähriger geschrieben, viele davon ein paar Jahre später - unkommentiert. Auch lasse ich die Zeichensetzung. Damals haben sie für mich gestimmt.

Die Korfu-Gedichte sind neueren Datums.

Ich habe sie nicht mehr chronologisch ordnen können, aber als ich sie mir noch einmal durchgelesen hatte, konnte ich die Zeiten nachvollziehen.

Ich danke meinen Eltern, die meine Gedichte für mich aufbewahrt hatten. Bei meinen unendlich vielen Umzügen, wären sie sicher verloren gegangen. Ausgeschmückt habe ich diesen kleinen Band mit Fotos aus meiner Herzensheimat Korfu.

Warum

warum machen wir das alles
reden, lesen, schreiben, dichten
denn im Falle eines Falles
stehen wir wieder wie am Anfang
schauen uns mit großen Augen
unverstanden selig an
beten dann in Hoffnung schwelgend
zu dem einen der nie kam
der nie kam, nie kommen wird
Mystik spendend, Nebelschleier
Leute in sehr dunklen Kleidern
die an offnen Gräbern stehn
weinen heute noch als Kinder
morgen müssen sie schon gehn.

Mein Korfu

Rote Geranien vor weißer Wand,
bunte Kiesel am Strand.
Stille in der Vollmondnacht,
süße Früchte am Maulbeerbaum.

Glühwürmchen tanzen im Tal,
Wasser glitzert im Sonnenschein.
Wind streicht sanft
durch stolze Zypressen.

Tausend Geräusche und Farben
tief in meiner Seele vergraben.
Und stets höre ich, egal wo ich bin,
das einsame Lied der Schäferin.

Sonnenaufgang

Stille.
grau und verhangen ist die kleine Welt
Ruhe.
Schemenhaft der Waldesrand,
Schatten.
Nebelschleier streicheln wiegende Halme.
Der erste Sonnenstrahl! -
Erwachen aus dem Erstarren.
Nebelfetzen hetzen.
Erstes, müdes Gezwitscher.
Tau fällt.
Wassertropfen spielen
im Rampenlicht des Morgens.
Sonnenfinger huschen
eilig übers feuchte Laub.
Letzte Nebel fliehen
vom roten Ball gejagt übers Feld.
Klar und rein ist die kleine Welt
Leben.

Wen?

Wen betet ihr an
wenn ihr eure augen
zum himmel hebt?

in wessen namen
segnet ihr die waffen,
mit denen ihr euren
nächsten tötet.

Den, der alles weiß?
Den, der alles sieht?
Den, er euch eines Tages
richten wird?

Der Kreislauf

Die Eidechse blinzelt in die Sonne,
die auf alles scheint.
Der Delfin taucht hinab ins Meer,
aus dem alles kommt

Ziegen fressen frisches Gras
unter uralten Oliven.
Bienen sammeln eifrig
im bunten Blütenmeer.

Ein Adler fliegt in den Himmel,
der sich über allem wölbt.
Ein Wurm gräbt sich in die Erde,
zu der wir alle werden

Oktoberelegie

Nebelschleier flüchten.
Goldene Oktobersonne lässt Trauben süßer werden.
Doch bald werden Leute kommen,
werden mit der Lese dem Sommer ein Ende setzen.
Oktober heißt der Held des Jahres,
die letzte Etappe auf dem Weg des Sommers.
Und doch immer Verlierer.
Siegen wird er nie.
Wahnsinn?
Sich aufzulehnen gegen diesen Zyklus?
Gleichsam einer Auflehnung gegen den Tod?
Oder Mut?
Tot sind die Blätter,
die von den Bäumen gefallen sind.
Morsch, welk und modrig,
um wieder aufzuerstehen.
Jetzt stirbt alles.
Langsam und qualvoll,
sogar die Sonne.
Der Held aller Jahre hat wieder verloren.

Träume träumen träumend

Schlange auf warmem Stein
Wasser im Brunnen
Sonne im Hof
Katze auf schattiger Bank
Biene summend im Raum
Schwarze Oliven fallen ins Netz
silbernes Meer unter vollem Mond
Bunte Blüten ranken
Schmetterlinge tanzen
Menschen lachen
Friede auf Erden

Ruhe

grau und verlassen liegt die kleine welt
nebelschleier streicheln wiegende halme
in den wipfeln die träume der nacht
zu ende geträumt - offengelassen

dann kommt bewegung in das bild
unsichtbare hände ziehen die nebel
wie ein tuch, leicht, unhörbar.
tau rollt zur erde an gräsern herab
um zu verschwinden, um wiederzukommen.

dann der erste Laut- zaghaft -
wie ein dirigent aus den wipfeln
den einsatz gebend.
sonnenstrahlen und jubel
über das erwachendürfen.

Wenn die Lichter ausgehen

was wird sein
wenn eines tages die lichter ausgehn?
du blickst in fragende gesichter
die eine antwort gerne wüssten.
manche werden eine Antwort flüstern
doch jede wird eine andere sein.
und du hörst nicht auf zu fragen.
du bist gebildet
wie viele andere
und suchst nach einer antwort
denn auf diese frage
hat man dir keine beigebracht.
du bist alleine mit deiner frage
wie alle anderen auch.
einst wird der tag kommen,
an dem die lichter ausgehen.

Demonstration

Was wollt ihr, wenn ihr schreit
gegen eine uniformierte Wand,
die darauf wartet, angegriffen zu werden?
Manchmal sind eure Protest berechtigt,
aber zu einem Ziel werdet ihr nicht kommen.

Wollt Ihr provozieren?
Tränengas und Knüppel kann man nicht provozieren
und deren Träger haben taube Ohren.
Befohlen, eingesetzt, um die Ruhe zu schützen.
Damit bringen sie die Masse auf ihre Seite.
Dann werdet ihr verflucht und verspottet.

Das ist kein Boden für euren Protest.
Eines Tages werden alle
in die Resignation getrieben sein,
von denen, die schon resigniert haben
und vorgeben, zufrieden zu sein.

Integration

Mit dreißig Integration.
Und bis dahin?
Idealismus, Gedanken, Träume?
Protest, Demonstration, nur Flausen?

Ihr seid viel zu jung um gute Ideen zu haben.
- und ihr seid alt und habt nie welche gehabt -
Verwirklicht eure Ideen, schmeißt den alten,
von Vätern und Großvätern abgenutzten Krempel
doch einfach mit auf den Haufen Dreck
der Geschichte,
der sich in all den Jahren angesammelt hat.
Zieht Bilanz, macht die Rechnung,
zieht den Schlussstrich,
ihr werdet immer im Minus sein.
Wie ihr es auch dreht und wendet, alles Dreck!
Ihr könnt ihn abstreifen.
Verwirklicht eure Ideen, verlasst den Trampelpfad
eurer Vorfahren, und wenn man
euch entmutigen will, lacht.

Rückkehr

Als ich von meiner Reise zurückkehrte
und meine Wohnung aufschloss,
stand auf dem Tisch jener Aschenbecher,
den ich auszuleeren versäumt hatte -
so etwas lässt sich nicht nachholen.

Märchen

früher wurden uns märchen erzählt,
gut, böse, gut.
heute wissen wir, wie es war.

was erzählt uns der mann in schwarz,
manchmal auch in buntem gewand
mystik spendend wie das sakrament?
heute wissen wir doch, wie es war.

ihr erzählt uns von der vergangenheit
verharmlost und entschuldigt
ausgetüftelt in all den jahren.
heute wissen wir doch, wie es war.

nichts verändern kann man,
erzählt ihr uns und hofft,
dass wir resignieren.
heute wissen wir, wie es ist.

Probleme

Probleme im Wirtshaus angestochen
in blauen Wolken zur Decke schweben,
vergehen, sich mit der Luft vereinen.
Probleme am Strand in der Sonne
Muschelgeld, Splitt
und den krustig trocknenden Schaum,
wie er dem Meer hier
bei Ebbe vorm Mund steht.
Probleme, wenn um den Fußball
Urlauber zelten, und
der Nationen verspielter Blick
große Entscheidungen spiegelt.
Probleme, neue Standpunkte fassen Beschlüsse
und bestehen auf Vorfahrt
regelwidrig geparkt, winzig.
Probleme in dunklen Kathedralen
zur Kuppel hinaufgeschleudert
kommen zu fragenden Gesichtern
ungelöst zurück.

NAPALM

Wenn der Regen mit dicken Tropfen die Erde nährt,
dann tötest du deinen Bruder mit Napalm.
Wir lesen davon und wissen nicht, was Napalm ist,
und wir lesen mehr, bis wir es wissen.

Und wenn wir dann auch die Folgen kennen,
dann graut es uns, und wir singen
Napalmprotestsongs.
Wir gehen auf die Straßen und demonstrieren
gegen Napalm,
bis wir erkennen, dass unser Protest vergebens ist.

Dann geben wir es auf,
gegen Napalm zu demonstrieren,
und wir sagen uns,
dass Napalm nicht das einzige
Übel ist.

Lied der Wüste

Die Sonne brütet, als sei sie ein Vogel,
der auf seinen Eiern sitzt und schwitzt.
Ein Sandkorn betet,
es möchte tiefer und tiefer sinken
und mit seinen Brüdern trinken.
Wie weit ist Nirwana?
Über die Düne schreitet ein Leu,
blickt sich um, als wär er hier neu…
ich muss weiter, denn aus der Ferne
winken Fata und Mutta Morgana
Die Oase träumt im Schatten
hoher Palmen, deren Wedel
leise wippen, leise wippen.
Ein paar tote Menschenschädel,
die schon bessre Zeiten hatten
liegen rum, liegen rum.
Plötzlich kommen zwei Kamele,
erst ein großes schweren Schrittes,
dann ein kleines leichten Trittes.
Dann enteilen die Kamele, erst
das Kleine, dann das große.

Vollmond

Auf der Silberstraße des Mondes
in Gedanken versunken-
spazieren zu den dunklen Inseln,
die in der Ferne wie Wale
in den Wellen spielen.

Dem Ruf des Kauzes lauschen,
der sich nach Liebe sehnt,
durch schattige Olivenhaine,
in denen dunkle Früchte
bald in Netze fallen.

Am Himmel reiten Wolken,
die wie wilde Krieger
in zerfetztem Gewand
zu fernen Ländern ziehen,
bereit, es mit jedem aufzunehmen.

Eines Tages

Was ist, wenn du eines Tages
irgendwann einmal, du weißt es nicht,
etwas spürst, etwas fühlst,
etwas unbekanntes, lange erwartet.

Dann bekommst du Angst.
Du meintest, alles zu wissen
und weißt nichts, noch nicht einmal
geahnt hast du etwas.

Gedanken daran wurden aufgeschoben,
gerne nicht gedacht, weg gepackt.
Fühltest dich verarscht, wurdest resolut.

Aber nun ist er da,
der lang hinausgeschobene Moment,
und du stehst da, wie am Anfang.

Gestern

monatseinkommen zehntausend
bankkonto in der Schweiz
gestern sind in biafra
hundert menschen verhungert
im fernsehen krimi
tote werden serviert
gestern verbrannte die us armee
ein Dorf in vietnam.
gott hilft den menschen
weil er sie liebt
gestern bei einer Explosion in Beirut
einundfünfzig tote.
kaltes buffet am samstag
ein Kaufhaus wird eingeweiht
in äthiopien warten
hunderttausend auf Brot
politiker reden von Gleichheit
gestern wurden in chicago
siebzehn farbige erschlagen, aber das war ja
alles gestern

Gleichberechtigung

Ihr schreit dauernd Gleichberechtigung
meine Ohren tun mir schon weh
was meint ihr damit?
Dass jeder eine Waschmaschine hat?
fernsehen kann?
Denn bei großen Anlässen
sehe ich nur euch
in steifen Roben.

Ich höre den Ruf nach Gleichberechtigung
aber nur schwach,
denn ihr übertönt ihn
aus fetten Kehlen.
Und wenn ihr dann
mit euren Leibern beiseite schiebt,
wer Gleichberechtigung verlangt,
dann läuft mir ein Schauer
über den Rücken.

Da kommt ihr

Da kommt ihr
in Smoking und Nerz
und stürzt über
kaffeegedeckte Tafeln
schwafelt über Dinge,
die im Nichts verschwinden.

Probleme habt ihr nicht,
habt ihr nie gehabt;
die wurden euch abgenommen
bei Kaffee, Sekt und Kuchen
nur allzu gerne.

Die Wahrheit seht ihr nicht.

Elend

Sagt mal, seht ihr das Elend nicht
das vor eurer Türe liegt
indem ihr es aus blöden
Wohlstandsaugen anglotzt
unfähig etwas zu sagen
euch hinter Empörung versteckt
Empörung und Achselzucken!

Jenes Achselzucken
das ihr hattet
als ihr in Schutt und Asche
mit traurigen Gesichtern wühltet.
Ihr habt das Elend vergessen
aber kann man das vergessen?

Ich höre Schritte

Ich höre eure Schritte
auf rauhem Kopfsteinpflaster,
eure Stimmen
in dunklen Kathedralen,
nicht um zu beten
sondern zu loben,
was ihr aufgebaut.
Schritt für Schritt
auf rauhem Kopfsteinpflaster.

Ich sehe eure Augen
und die sagen mir,
dass ihr nicht zufrieden seid,
wie eure Stimmen sagen, denn
in euren Augen ist Trauer.

Eines Tages werdet ihr zurückgehen
in die Kathedralen, um zu beten.

Vielleicht

Wenn die Blumen im Winter blühn,
die Sterne am Tage glühn,
dann wir das Elend ein Ende haben.

Wenn die Sonne um die Erde kreist,
im Sommer See und Fluss vereist,
dann werden die Kriege ein Ende haben.

Wenn Fels und Steine Früchte bringen,
und alle Menschen Lieder singen,
dann, ja dann, wird Frieden sein.

Im Museum

Im Museum gibt es eine neue Abteilung.
Dort sitzen in großen Gläsern
die abgetriebenen Kinder,
blass und ernst
und machen sich Sorgen
um die Zukunft ihrer Eltern.

Waffenruhe

Unten bei der zerstörten Fabrik
liegen die Leiber der Arbeiter.
Sie wussten, was sie tun
und können nichts mehr ändern.

Ihre unwissenden Kinder
schmücken die Gräber mit Blumen,
gewachsen aus in Blut
getränkter Erde.

Man wird neue Fabriken bauen
und es wird neue Arbeiter geben,
und deine Tränen werden
in die Vergangenheit fließen,
zu den Gräbern der Kinder.

Frühling

Wenn der Reif fehlt
von der Sonne besiegt -
Kälte nicht mehr Herr ist
über die Natur.

Wenn aus rauhem Boden
Knospen sprießen,
an eben kahlen Ästen,
Grünes wächst.

Wenn am milden Abend
Vögel ihre Lieder singen,
Dachse mit verträumten Augen
in die helle Sonne blinzeln -

Wenn Insekten freudetrunken
angelockt von ersten Farben
taumeln schnell von Kelch zu Kelch -
dann ist Frühling.

Wisst ihr was?

Wisst Ihr was?
wir machen was!
Haste was,
dann biste was!
Morgen geh´n wir auf die Straß´,
kämpfen gegen Rassenhass,
schleudern unsern ganzen Hass
gegen jeden auf der Straß´.

Die verkrachten Existenzen,
die jeden Tag die Schule schwänzen,
ärgern Lehrer, Vater, Mutter,
essen Rama nur statt Butter,
werfen einfach alles um,
steh'n an jeder Ecke rum.
Heute rufen sie, Ihr Fressen,
morgen sind sie schon vergessen.

Die Prüfung

Ich bin klein, du siehst mich nicht.
Ich prüfe dich und zwinge dich
auf die Knie.
Du entkommst mir nicht,
glaub es mir.
Ich strafe dich,
weil du nicht achtsam warst,
mit dir und der Welt.

Du kämpfst?
Vergiss es.
Nichts wird dich retten!
Denn ich komme wieder,
bis du es kapierst.
Ich werde nie aufgeben!
Bis du deine Lektion
gelernt hast.

Warum

Warum versteht ihr uns nicht,
wenn wir reden?
Warum führt ihr Kriege,
schießt, mordet und verschleppt?
Warum baut ihr Mauern?
Warum predigt ihr Toleranz
und seid intolerant?
Warum soll man euch achten,
wenn ihr selbst nicht achtet?
Warum wollt ihr geliebt werden,
wenn ihr selber hasst?
Warum soll euch geglaubt werden,
wenn ihr selbst nicht glaubt?
Warum sprecht ihr von Gott,
ohne zu wissen was ihr sagt?
Warum fürchtet ihr den Tod,
ohne ihn zu kennen?
Warum behauptet ihr,
das Elend der Welt zu kennen
und lasst eure Brüder verhungern?

Weit draußen

Draußen auf dem Meer
unter buntem Segel
im Schatten der Sonne
schaukeln auf den Wellen
erahnen Großes.

Oben auf des Berges Spitze
den Winden ausgesetzt
und dem Regen
achtsam setzend Fuß vor Fuß
spüren wir es.

Alles ist in Allem.

Unsichtbar

Ich bin unsichtbar
Für eure blinden Augen
Die nicht sehen wollen
Mein großes Geschenk

Ich werde euch
Sehend machen
Mit harter Rute
Eine andere Sprache
Versteht ihr nicht

Geträumt

Auf den Bergen sitzt die Sonne,
vertreibt den Mond,
wischt die Reste meines Traumes beiseite
und lässt mich sanft erwachen.

Unter den Oliven
wiegen sich die Gräser
im Wind des neuen Tages,
und lassen mich hoffen.

Ich tauche ein in das blaue Meer
und träume weiter.

Korfu

Wenn die Nebel verschwunden sind,
kann ich lebendig sein.
Riechen, schmecken, lachen, hören und sehen.
Mein Herz quillt über,
ich lasse mich frei und lasse mich fließen.

Ich lasse mich fallen, denn ich weiß,
ich werde geliebt.
Vertrauen.
So gelange ich Schritt für Schritt
zu mir, jeden Tag neu,
auf der Zauberinsel im Ionischen Meer.

Hallo Corona

Ich wollte mal Danke sagen
Weil du mir zeigst
Was wichtig ist
Was Freundschaft ist
Was Berufung ist
Was Wissen ist
Was Unsinn ist
Was Lüge ist
Was Zweifel ist
Was Mut ist
Was Meinungsfreiheit ist
Was Solidarität ist
Was Egoismus ist
Was Fürsorge ist
Was Verzicht ist
Was Geduld ist
Was Respekt ist
Was Demut ist
Was ich glaube
Was ich vermisse
Was mir am Herzen liegt
Was ich gelernt habe
Was ich noch lernen darf
Was ich bin
DANKE

Ich tauche ein

In das kühle Meer
In den schattigen Hain
In mich
In die Ikone am Wegesrand
In das Treiben der Stadt
In mich
In den Schwarm der Möwen
In die Wolken am Abendhimmel
In mich
In die Früchte am Baum
In die Stille der Nacht
In mich
In den Ruf des Kauzes
In das Quaken der Frösche
In mich
Ich bin überall und nirgendwo

ÜBER DEN AUTOR

Dr. Klaus Biedermann lebt auf der Griechischen Insel Korfu. Neben dem Schreiben arbeitet er dort als Seminarleiter und Coach. Mehrmals im Jahr finden an seiner Sommerakademie Seminare für Meditation und Selbsterfahrung, sowie Coaching-Ausbildungen statt. Außerdem bietet er Einzelsitzungen an - vor Ort, aber auch online per Skype an.

Termine dafür gibt es nach einer Mail an: onlinecoaching@ascoach.de
Web: www.ascoach.de
Facebook: Klaus Biedermann
Instagram: dr.phil.klaus_biedermann

Folgende Bücher und CDs von
Dr. phil. Klaus Biedermann sind erschienen:

Die Romantrilogie Tench álin (drei Bände als Hardcover und als E-Book). Band 1 auch als Taschenbuch und Hörbuch (EchnAton Verlag + BoD)

DAS TAL VON TENCH'ALIN

Das kosmische Gleichgewicht war in einer gefährlichen Art und Weise aus den Fugen geraten.

Das hatte den Rat der Welten, von dem kein Mensch gewusst hatte, veranlasst einzugreifen. Als einen letzten verzweifelten Ausweg für das Weiterbestehen der Menschheit hatte man eine Teilung der Welt beschlossen. Von den Überlebenden hatte jeder entscheiden können, in welchem Teil der Erde und nach welchen Prinzipien er und seine Nachkommen leben wollten. So hatten die Menschen - nicht ganz freiwillig - die Wahl ihrer unterschiedlichen Lebensformen in einem Ewigen Vertrag besiegelt, in dem jegliche Einmischung oder Kontaktaufnahme mit dem jeweils anderen Teil strengstens untersagt worden war.

700 Jahre später begegnen sich beide Welten in Gestalt einer Frau und eines Mannes. Der Roman beschreibt die Heldenreise zweier Menschen, die unterschiedlicher nicht sein könnten.

Bei der Erfüllung ihrer Mission, in der sie Gegner sind, erhalten beide Hilfe, und dennoch sind sie im entscheidenden Moment auf sich alleine gestellt.

DIE SIEGEL VON TENCH'ALIN

Die Begegnung der Alten und der Neuen Welt in Gestalt von Effel und Nikita bedeutet zwar die Wiederentdeckung ihrer vergangenen Liebe, ist aber auch der Grund für die Versammlung des Rats der Welten, denn der Ewige Vertrag wurde gebrochen. Wie wird die Entscheidung ausfallen? Wird Nikita die Pläne erhalten und in ihre Heimat zurückkehren? Die Verbannung der Emurks ist beendet und sie brechen in ihre Heimat, die Seen von Kögliien, auf. Was wird sie dort erwarten?

Auf der Suche nach dem verschwundenen Farmerssohn Vincent begegnen sich dessen Vater Jared und sein Freund Scotty im Tal von Angkar Wat. Welches Geheimnis verbirgt sich dort, und welche Geheimnisse entdeckt Saskia während ihrer Ausbildung bei der mystischen Äbtissin Adegunde in Haldergrond?

In der Neuen Welt sind aus den ehemals entführten Sisko-Zwillingen erwachsene Männer geworden und Kay scheint eine große politische Zukunft vor sich zu haben. Was aber ist mit Steve?

Senator Ferrer, dessen Suche nach seiner Tochter Nikita einige Fragen aufwirft, kann sich indes seines Lebens nicht mehr sicher sein.

DAS ERBE VON TENCH'ALIN

Im dritten Teil des Mystery-Thrillers reist die Wissenschaftlerin Nikita Ferrer mit den Bauplänen und einem Brief vom Rat der Welten in ihre Heimat zurück. Dort stößt jedoch Professor Rhim beim Auswerten der Pläne auf Ungereimtheiten ...

Sind es wirklich nur diese Baupläne, die für BOSST interessant sind, oder liegt in dem weitläufigen Höhlensystem ein ganz anderer Schatz, der von den Siegeln von Tench`alin bewacht wird?

Wird es einen neuerlichen Vertragsbruch geben und wie wird der Rat der Welten darauf reagieren?

Welche Folgen hat das Erwachen der Siegel für die Menschheit?

Werden Nikita und Effel sich wiedersehen?

Der Korfu-Roman in Deutsch, Griechisch und Englisch. (www.wie-vor-jahr-und-tag.de)

Sophie arbeitet als Ärztin in Münster und folgt damit ihrer Berufung. In der Beziehung zu Michael fühlt sie sich nach einigen Enttäuschungen endlich angekommen. Eines Tages wird sie von ihrer ehemaligen Kollegin Martha, die einen Griechen geheiratet hatte, nach Korfu eingeladen. Dort begegnet sie Rolf, der auf der Insel als Fotograf ein beschauliches Leben führt. Beide Menschen sind mit ihrem Leben im Einklang. Dennoch geschieht es - zwar nicht auf den ersten Blick, wie das ja manchmal vorkommt, sondern die Liebe kommt wie ein lauer Frühlingswind daher, der sich allmählich zu einem heftigen Herbststurm entwickelt. Sie kommen gar nicht dazu, sichtsmaßnahmen zu ergreifen - falls es überhaupt Schutz vor der Liebe gibt. (Vertrieb: Amazon und BoD)

ALLEINE - Tagebuch einer Quarantäne

Margarete Wellner war gestorben. Mit den Altbauern vom Steinerhof und der treuen Seele Magdalena hatte sie noch mit ihrer Enkelin auf das neue Jahr angestoßen.

„2020", hatte sie zu Lisa gesagt, „wird ein großartiges Jahr werden … du wirst sehen, mein Engel."

Nicht viel später war sie selbst ein Engel. Es war schnell gegangen und genau so, wie sie es sich immer gewünscht hatte. Sie ist in ihrem eigenen Bett eingeschlafen und nicht mehr aufgewacht. Die Frau, von der jeder gedacht hatte, dass sie ewig leben wird.

Die Nachricht vom Tod ihrer Großmutter hatte Lisa auf dem Schiff erreicht, sodass sie an der Einäscherung nicht teilnehmen konnte. Aus Portugal kehrt sie auf den Birkenhof zurück.

(Vertrieb: Amazon und BoD)

DIE WIESE VERSCHWINDET BEIM GEHEN

Wie Sie in einfachen Schritten und mit ein wenig Übung zu dem Menschen werden, der Sie sein möchten. (Vertrieb: Amazon oder BoD)

„Mit der Geburt wird der Mensch… in eine Situation hinein geschleudert, die nicht festgelegt, sondern ungewiss und offen ist. Nur in Bezug auf die Vergangenheit herrscht Gewissheit, und für die Zukunft ist nur der Tod gewiss." (Erich Fromm)

BURN-IN STATT BURN-OUT

Brennen Sie … aber bitte nicht aus. Brennen Sie für etwas! Arbeitsüberlastung und Tempodruck allein führen nicht zwangsläufig zu einem Zusammenbruch. Vielmehr führen fehlende Sinnhaftigkeit und Fremdbestimmung im Berufs- und Privatleben, der Verlust an Werten verbunden mit der verlernten Fähigkeit, zu entspannen und sich positiv wahrzunehmen früher oder später zu einem Kollaps.

Der Autor des Buches kommt direkt auf den Punkt und stellt grundlegende und entscheidende Erklärungen an den Anfang. Statt innerlich auszubrennen, gilt es, im positiven Sinn für etwas zu brennen. Dazu kann es hilfreich sein, das eigene Leben mit allem, was einen als Person ausmacht, infrage zu stellen. Runter von den ausgetretenen Pfaden, schlägt er vor, um neue Perspektiven und Erfahrungen zu wagen.

(EchnAton Verlag)

Klaus Biedermann

Die Zehn Gebote
- Update 20.21

Damit WIR überLeben

Dieses kleine Buch möchte zum Nachdenken anregen: Sind die Zehn Gebote heute noch aktuell? Ist darin nicht schon alles enthalten, was es braucht, um ein friedliches Miteinander zu ermöglichen? Und was bedeuten diese Gebote für jeden Einzelnen?

„Du kannst dir nicht aussuchen, wie du stirbst. Oder wann. Du kannst nur entscheiden wie du lebst. Jetzt." (Joan Baez)

Inway

Mentales Training
Entspannungstraining

Reisen in Trance

Zwei Fantasiereisen
1. Innerer Ratgeber
2. Besser schlafen

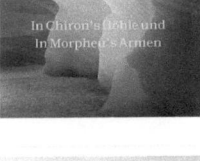

Entspannungs- und
Visualierungstraining

Resilienz
Burn-Out Prophylaxe

Zehn Reisen in Trance

und positive Suggestio-
nen für geistige und
Mentale Gesundheit

„Das einzig Wichtige im Leben sind die Spuren von Liebe, die wir hinterlassen, wenn wir weggehen."
(Albert Schweizer)

DIE KUNST DES SEINS

Ein umfassendes Arbeitsbuch für Ihren ganz persönlichen Weg der Erleuchtung! Wissen Sie eigentlich, dass Sie selbst der Schöpfer Ihrer eigenen Wirklichkeit sind?

"In jedem Menschen steckt die Schöpferkraft, ein lebenswertes Leben frei von Unterdrückung und Manipulation, ein Leben in Liebe, vollkommener Gesundheit und innerem und äußerem Frieden zu leben."

Um diese Schöpferkraft zu entdecken und nutzen zu können, ist es wichtig, die geistigen Gesetze zu verstehen, die in Ihrem Leben wirken. Leicht verständlich erklärt der Autor im ersten Teil dieses Buches, wie diese Gesetze aussehen und wie Sie Ihr Leben durch Anwendung der universellen Wahrheiten selbst in die Hand nehmen können. Im zweiten Teil zeigt er Ihnen praxisnah, wie man diese inneren Wahrheiten so anwendet, dass Sie selbst die Verantwortung für Ihr Leben übernehmen und in Harmonie mit Ihrem Körper, Ihrer Seele und Ihrem Geist leben können. Ihre Beziehung, Ihr Beruf, Ihre gesundheitliche und finanzielle Situation werden sich dadurch zum Guten wenden, denn wenn Sie die Gesetze kennen und verstehen, beginnen Sie ganz automatisch, Ihr Leben zu meistern!

(EchnAton Verlag)

TAROT - IHR INNERER SPIEGEL

Klaus D. Biedermann
TAROT
als innerer Spiegel
Lebenshilfe aus dem Unbewussten

Achten Sie auf die leisen Botschaften Ihrer weisen inneren Stimme? Mit diesem Buch werden Sie angeregt, auf sie zu hören. Lassen Sie sich dazu einladen, ihre Botschaften als konkret zu erfahrenden Weg der Bewusstwerdung zu nutzen.

Außergewöhnlich intuitive, fundierte Deutungen der einzelnen Tarotkarten und spannende, ungewöhnliche Legebeispiele machen dieses Buch zu einem wertvollen Tarot-Ratgeber und bieten Ihnen hervorragend anwendbare Lebenshilfe.

Praktisch, realitätsbezogen, alltagstauglich und erfrischend bodenständig gibt der Autor Anregungen, wie man das Flüstern der inneren Stimme im Leben umsetzen kann. Kurz und präzise für rasche Lösungen, ausführlich und zum Nachdenken anregend für eine echte Beschäftigung mit dem eigenen Weg - dieses Buch eint astrologisches und esoterisches Wissen mit gesundem, alltagstauglichem Menschenverstand und ist deshalb auch für Leser, die sich nicht ausdrücklich mit spirituellen Themen beschäftigen, ein wundervoller Begleiter und eine echte Entscheidungshilfe in allen wichtigen Fragen des Lebens.

(EchnAton Verlag)

AUSBILDUNG IN INTUITIVEM TAROT UND COACHING in KORFU.

MEINE SEMINARE AUF

KORFU (TERMINE: www.ascoach.-de) COACHING-AUSBILDUNGEN UND PERSÖNLICHKEITSTRAININGS

Ich habe einen Platz gefunden, an dem tiefgreifende Erfahrungen leicht und mühelos möglich werden. Korfu, die Zauberinsel im Ionischen Meer (Viel mehr, als ein üblicher Urlaub.) An der Nord-West-Küste dieser wohl grünsten aller Griechischen Inseln können Sie eine Woche unvergesslichen Seminar-Urlaub verleben. Sie finden mediterranes Klima, stille Olivenhaine, schöne Badebuchten mit sauberen Stränden, klares Wasser, ehrliche Gastfreundschaft und viel Ruhe.

Das Hauptgebäude des Seminar-Zentrums "Ouranos Club" liegt auf einem Hügelzug, von dem aus man einen weiten Blick auf zwei Buchten hat. Zu jedem der schönen Strände gelangen Sie zu Fuß bequem in 10 Minuten. Sie wohnen in Apartments und einfachen Bungalows, mit je zwei Doppelzimmern, einer kleinen Küche und gemeinsamen Bad. Wer es individueller mag, kann (gegen Aufpreis) auch ein Einzelzimmer buchen. Die Zimmer sind einfach und zweckmäßig ausgestattet. Sie verfügen über einen Balkon, die meisten mit Blick auf das Meer. Es gibt eine gut ausgewogene vegetarische Küche mit reichhaltigen Frühstücksbuffet und einem mehrgängigen Abendessen. Wer auf Fisch oder Fleisch nicht verzichten mag, kommt in einer der zahlreichen Tavernen am Strand auf seine Kosten.